BEI GRIN MACHT SICH IHR WISSEN BEZAHLT

AF156259

- Wir veröffentlichen Ihre Hausarbeit,
  Bachelor- und Masterarbeit

- Ihr eigenes eBook und Buch -
  weltweit in allen wichtigen Shops

- Verdienen Sie an jedem Verkauf

Jetzt bei www.GRIN.com hochladen und kostenlos publizieren

Alexander Schwalm

Praktikum bei einem privaten Firmenseminar-Anbieter

GRIN Verlag

Bibliografische Information der Deutschen Nationalbibliothek:

Die Deutsche Bibliothek verzeichnet diese Publikation in der Deutschen National-
bibliografie; detaillierte bibliografische Daten sind im Internet über http://dnb.d-
nb.de/ abrufbar.

Impressum:

Copyright © 2011 GRIN Verlag, Open Publishing GmbH
Druck und Bindung: Books on Demand GmbH, Norderstedt Germany
ISBN: 978-3-656-19158-2

Dieses Buch bei GRIN:

http://www.grin.com/de/e-book/192857/praktikum-bei-einem-privaten-firmensemi-
nar-anbieter

GRIN - Your knowledge has value

Der GRIN Verlag publiziert seit 1998 wissenschaftliche Arbeiten von Studenten, Hochschullehrern und anderen Akademikern als eBook und gedrucktes Buch. Die Verlagswebsite www.grin.com ist die ideale Plattform zur Veröffentlichung von Hausarbeiten, Abschlussarbeiten, wissenschaftlichen Aufsätzen, Dissertationen und Fachbüchern.

Besuchen Sie uns im Internet:

http://www.grin.com/

http://www.facebook.com/grincom

http://www.twitter.com/grin_com

Gliederung

1 Einleitung

Für die Suche nach einem geeigneten Praktikumsplatz im Bereich der Erwachsenenbildung bzw. Weiterbildung im Zuge der Absolvierung des Pflichtpraktikums im Bachelorstudiengang Erziehungswissenschaft ließ ich mich zunächst von der Exkursion zu einem Berufsbildungszentrum (BBZ) inspirieren. Bei dieser im Rahmen des Praktikumsseminars durchgeführten Exkursion wurde uns Studenten das BBZ als Bildungsinstitution mit all seinen Aufgabenbereichen vorgestellt. Unter anderem wurde beim Vortrag darauf hingewiesen, dass es für Studenten auch möglich ist, ihr Praktikum beim BBZ in den verschiedensten Aufgabenbereichen zu absolvieren.

Daraufhin erkundigte ich mich als Erstes telefonisch nach den verschiedenen Praktikumsmöglichkeiten und bewarb mich schließlich via E-Mail um eine Praktikumsstelle im Bereich der Planung, Organisation und Verwaltung beim BBZ. Aufgrund der sehr dürftig ausfallenden Kommunikation und Rückmeldung seitens des BBZ, von welchem ich trotz mehrerer Anrufe bis ca. eineinhalb Monate vor geplantem Praktikumsbeginn immer noch keine eindeutige Zusage erhalten hatte, entschied ich mich schließlich Online nach weiteren Bildungsinstitutionen zu suchen und mich dort nach Praktikumsmöglichkeiten zu erkundigen.

Bei meiner Online Recherche stieß ich schließlich auf einen privaten Firmenseminaranbieter. Nicht nur, dass dessen Seminarangebote, Kurse und Schulungen im Bereich Business- und Soft-Skills mein Interesse weckten - da ich mich später ebenfalls gerne einmal in der Wirtschaft bei der Personalentwicklung betätigen würde - auch das Büro des Firmenseminaranbieters befand sich zufälligerweise ganz in der Nähe meines Zuhauses. Somit beschloss ich kurzerhand dort anzurufen und mich bezüglich einer Praktikumsstelle zu erkundigen. Der Inhaber, Herr F., schlug daraufhin vor, ihm meine Bewerbungsunterlagen per E-Mail zuzusenden. Ungefähr zwei Wochen später lud mich Herr F. dann zu einem persönlichen Vorstellungsgespräch in seinem Büro ein, welches tatsächlich nur 10 Gehminuten von meinem Zuhause entfernt lag. Herr F. begrüßte mich sehr freundlich, stellte sich selbst vor, zeigte mir sein Büro und erklärte mir, welche Tätigkeiten ich künftig in seinem Unternehmen erledigen sollte. Anschließend konnte ich meinen Praktikumsvertrag unterzeichnen und Herr F. schenkte mir noch einen Block und Kugelschreiber mit Firmenlogo.

Im Folgenden möchte ich zunächst das Unternehmen steckbriefartig beschreiben. Danach gehe ich detailliert auf meine eigenen Tätigkeiten und Aufgaben ein. Im nächsten Schritt möchte ich meine Tätigkeiten bezüglich meiner persönlichen Zielsetzungen und Lernerfolge hinsichtlich des Studiums reflektieren sowie auf das Theorie-Praxis-Verhältnis zwischen Studium und Praktikum eingehen. Das letzte Kapitel soll schließlich mein persönliches Fazit über das Praktikum darstellen, in welchem ich aufzeigen möchte, inwiefern mir das Praktikum für meine berufliche Zukunft dienlich war und welche Relevanz es für Entscheidungen in meinem späteren Lebensweg einnimmt.

2   Steckbrief der Praktikumsstelle

Das Augsburger Unternehmen bietet Premium-Seminare für Firmen in Deutschland, Österreich und der Schweiz an. Das Seminarangebot gliedert sich in zwei verschiedene Bereiche:

Zum einen werden Seminare und Workshops zu Business- und Soft-Skills angeboten. Hierzu zählen unter anderem Rhetoriktraining, Einstieg in die wirkungsvolle Präsentation, beamergestützte Präsentationstechnik, Führungstechniken, Projektmanagement, Zeitmanagement, Konfliktmanagement, PR- und Textkommunikation sowie das Seminar *Moderation emotional und rational*, bei welchem der Verlauf einer erfolgreichen Moderation mit Hilfe des Dozentenduos *emotional und rational* auf diese zwei unterschiedlichen Moderationsarten eingeübt wird.

Zum anderen bietet das Unternehmen Seminare zu computergestützten Medien an. Dabei werden Kurse und Schulungen zu Microsoft Office sowie zu mehreren DTP-Themen (Desktop Publishing) wie Photoshop, InDesign oder Illustrator angeboten. Außerdem zählen zum Seminarangebot noch Online-Marketing-Kurse, Webprogammierung und -design, wie z.B. Flash oder Dreamweaver und 3D-Modelling-Kurse mit den Programmen *3D Studio Max* und *Cinema 4D*. Für die meisten Seminare im Medienbereich wird jeweils ein Grundkurs und ein Aufbaukurs angeboten.

Alle Seminare finden entweder inhouse, das heißt direkt bei den Firmen im gesamten deutschsprachigen Raum, statt. Oder die Seminare werden zu bestimmten Terminen mehrmals im Jahr als offene Seminare in verschiedenen Großstädten angeboten. Bei diesen offenen Seminaren können sich die Firmenkunden für ein bestimmtes Seminarthema in den Städten München, Augsburg, Stuttgart, Nürnberg, Frankfurt, Karlsruhe, Köln, Dresden, Hamburg, Berlin und Wien anmelden. Das angebotene Seminar findet dann ab einer Teilnehmerzahl von 3 statt, die maximale Teilnehmerzahl ist 8. Desweiteren wird auch die Beratung von Unternehmen zu Organisation und Marketing von Seminaren angeboten.

Gegründet wurde der Firmenseminaranbieter im Jahre 2003 von dem Diplom-Geographen Herrn F. Die beiden Seminarbereiche Skills und Medien stehen in Verbindung mit dem Lebenslauf von Herrn F. Denn dieser war zunächst für Partner des Bildungswerkes der Baden-Württembergischen Wirtschaft sowie für PNT in Darmstadt aktiv und anschließend als stellvertretender Leiter für Firmenseminare deutschlandweit bei der Macromedia GmbH tätig. Somit koordiniert und bewirbt Herr F. seit 1998 Seminare und kennt alle von ihm eingesetzten Dozenten persönlich, viele davon noch aus seinen bereits genannten, früheren Beschäftigungen. Zudem haben alle für den Firmenseminaranbieter tätigen Dozenten qualifizierte Nachweise für ihre Fähigkeiten, wodurch Herr F. für qualitativ hochwertige und effektive Seminare garantieren kann, eine Tatsache, die durch die Teilnehmerfeedbacks nahezu durchgängig bestätigt wird.

3   Portfolio der eigenen Tätigkeiten

Als Nächstes möchte ich möglichst genau auf meine Tätigkeiten in diesem Unternehmen eingehen und schildern, in welchen Aufgabenbereichen ich beschäftigt war. Dabei beschreibe ich nicht nur Arbeiten und Aufgaben die ich zu verrichten hatte, sondern auch die Erlebnisse und Erfahrung, welche ich im Laufe meines Praktikums gemacht habe.

3.1 Weiterbildungstage Bayern

Mein erster Praktikumstag bei am 18. März 2011 begann gleich mit einem ganz besonderen Erlebnis – ich durfte Herrn F. zu der Bildungsmesse *Weiterbildungstage Bayern* begleiten. Die Weiterbildungsmesse fand auf dem Gelände der Handwerkskammer Schwaben statt. In der dortigen attriumartigen Haupthalle hatten verschiedene Weiterbildungsanbieter jeweils ihren eigenen Stand und warben mit Flyern, Aufstellern und Werbegeschenken für ihre Angebote. Vertreten waren unter anderem die IHK Schwaben, das BFZ, das BBZ, das ZWW und die Technikerschule Augsburg. Die Besucher der Messe hatten somit die Möglichkeit, sich an den verschiedenen Ständen umfassend über die regionalen Weiterbildungsmöglichkeiten zu informieren. Zudem waren in der Mitte der Halle mehrere Sitzreihen aufgebaut, die allen Besuchern Platz boten (siehe Abbildung 1), um den mehrstündigen Vortrag zum Thema Weiterbildung, welcher auf dem Podium der Halle abgehalten wurde, zu verfolgen.

Herr F. und ich wurden auf der Messe sogleich von einem Veranstalter der HWK begrüßt und zu dem für uns reservierten Stand geführt. Unseren Stand dekorierten Herr F, und ich sogleich mit frischen Frühlingsblumen mit Firmenlogo auf dem Blumentopf. Desweiteren legten wir Flyer auf dem Tisch aus und Firmenkugelschreiber sowie Listen mit den aktuellsten Seminarterminen in Augsburg und München. Außerdem half ich beim Aufbau des übermannsgroßen Firmenaufstellers, auf welchem Herr F. zusammen mit zwei seiner Dozenten abgebildet ist. Diesen Aufsteller platzierten wir schließlich gut sichtbar, als Blickfänger für unseren Stand, neben dem Tisch. Bevor die ersten Besucher eintrafen, bat mich Herr F. ihn mit seiner mitgebrachten Videokamera vor dem Firmenstand zu filmen, während er in einer kurzen Ansprache einige informative Fakten zu seinen Seminaren preisgab. Da ich bereits Erfahrung im Umgang mit Videokameras und dem Drehen von Filmen hatte, fiel mir diese Aufgabe nicht schwer und wir bekamen einige gute Aufnahmen hin. Herr F.'s Rede war offensichtlich sogar so gelungen, dass sie Anklang bei den benachbarten Damen vom Stand des BBZ fand, denn diese applaudierten und bejubelten Herr F. als wir die Aufnahmen „im Kasten" hatten.

Als die ersten Besucher kamen, galt es für mich nun zum ersten Mal ein Unternehmen auf einer Messe seriös zu vertreten. Zusammen mit Herrn F. stellte ich nun den

Ansprechpartner für unseren Firmenstand dar, informierte die Besucher über die Tätigkeiten und Angebote des Unternehmens und verteilte Flyer und Terminlisten. Hierbei wurde allerdings schnell offensichtlich, dass auf dieser Messe wohl nicht die richtige Klientel für das Firmenseminarangebot unseres Unternehmens zugegen war. Denn die meisten Gäste wurden entweder von der ARGE geschickt und suchten spezielle, auf ihre Bildungsgutscheine passende Angebote oder die Interessenten waren auf der Suche nach preiswerteren Seminaren zu anderen Themen. Nichtsdestotrotz schafften Herr F. und ich es auf unser Unternehmen aufmerksam zu machen und einige Flyer unter die Leute zu bringen. Immerhin zwei Besucher erwiesen sich als potentielle Kunden, zeigten Interesse an unserem Seminarangebot und nahmen die Terminlisten für die offenen Seminare mit.

Die Zeit, in der sich die Gäste auf der Messe umsehen und an den Ständen informieren konnten, belief sich allerdings nur auf ca. eine Stunde. Anschließend begann auf dem Podium der mehrere Stunden dauernde Vortrag über verschiedene Weiterbildungsthemen. Mehrere Redner stellten unterschiedliche Weiterbildungsmöglichkeiten und -fördermaßnahmen vor. Unter anderem wurden diverse Einsatzgebiete der Bildungsgutscheine zur Sprache gebracht, die Frage der Berufschancen und des Berufswiedereinstiegs im höheren Alter besprochen und die Fördermaßnahme *Meisterbafög* vorgestellt. Am Ende der Vorträge gab es eine Podiumsdiskussion zwischen verschiedenen Bildungsexperten (siehe Abbildung 2) über die aktuelle Berufs- und Weiterbildungssituation in Bayern und den Möglichkeiten der künftigen Verbesserung. Zum Abschluss wurden dann noch zwei Bildungsgutscheine verlost und das kostenlose Buffet in der Vorhalle eröffnet. Meine Aufgabe bestand während der Vorträge darin, Fotos von Herrn F. und unserem Firmenstand mitsamt allen Besuchern im Vordergrund zu schießen. Außerdem machte ich einige Aufnahmen von den Bildungsexperten während der Podiumsdiskussion. Die Bilder stellte Herr F. später Online in mehreren Weiterbildungsforen, in welchen das Unternehmen vertreten ist, ein.

Als Fazit für mich kann ich sagen, dass ich auf der Messe einige neue Einblicke in die Weiterbildungsmöglichkeiten und -förderung in unserer Region erhalten habe. Die Halle sowie den Bühnenaufbau mit großer Beamerleinwand und mehreren Loungesesseln für die Podiumsdiskussion fand ich sehr gelungen, nicht so sehr dagegen den zeitlichen Ablauf der Messe. Meines Erachtens blieb den Besuchern in der einen

Stunde vor dem Vortrag zu wenig Zeit wirklich alle Stände der Bildungsanbieter zu besichtigen und genügend Informationen zu sammeln. Nach dem Vortrag „stürzte" sich der Großteil aller Besucher auf das Buffet in der Vorhalle und verließ danach sogleich die Messe. Daher war es kein Wunder, dass die meisten Anbieter bereits kurz nach Ende des Vortrags zusammenpackten und ebenfalls die Messe verließen, obwohl die Zeit eigentlich noch dafür hätte genutzt werden sollen, dass die Gäste sich weiter hätten informieren können. Auch Herr F. und ich packten, nachdem wir uns am Buffet bedient hatten, schließlich alles wieder zusammen und beendeten somit unseren Messetag bei *Weiterbildungstage Bayern*. Für mich stellte die Messe alles in allem eine interessante Erfahrung dar. Jedoch bemerkte ich als Vertreter des Unternehmens, dass unsere dortige Anwesenheit weder großen Nutzen für die Besucher noch für unser Unternehmen selbst brachte, da wie bereits gesagt, zum einen die Besucher zu wenig Zeit hatten sich an den Ständen zu informieren und zum anderen unser Seminarangebot doch für andere Kundengruppen konzipiert ist, als für die meisten auf dieser Messe anwesenden Gäste.

Abbildung 1: Die Besucherreihen während des Vortrages   **Abbildung 2: Die Bildungsexperten während der Podiumsdiskussion**

3.2 Die tägliche Büroarbeit

Die meiste Zeit im Unternehmen verbrachte ich mit der täglich anfallenden Büroarbeit. Hierbei hatte ich einen Acht- Stunden-Tag von ca. 08.15 Uhr bis 17.00 Uhr mit einer Mittagspause von ca. 12.00 Uhr bis 13.00 Uhr. Herr F. wies mich stets in alle anfallenden Arbeiten ein und zeigte mir welche Aufgaben ich zu welchem Zweck übernehmen sollte.

Meine erste Aufgabe bestand darin, die Feedbackbögen aller Seminarteilnehmer aus den Jahren 2009, 2010 und dem angefangenen Jahr 2011 daraufhin durchzusehen, welche Teilnehmer künftig weitere Informationen zu den Seminarangeboten erhalten wollen. Alle Teilnehmer, die ankreuzten, dass sie weitere Informationen in Form eines Newsletters wünschten und zudem ihre E-Mail- Adresse angaben, trug ich in eine Exceltabelle ein. Dabei erfasste ich jeden dieser Teilnehmer mit Vor- und Nachnamen, E-Mail- Adresse, Branche in welcher er/sie tätig ist sowie Thema, Termin und Ort des besuchten Seminars. Nach Fertigstellung der Tabelle, war es nun an der Zeit einen Newsletter mit allen Neuigkeiten und Angeboten unseres Unternehmens zu erstellen und diesen an die ehemaligen Seminarteilnehmer zu verschicken. Da zu dieser Zeit Ostern als nächstes Fest eine gute Gelegenheit für Osteraktionen bot, erstellte Herr F. sogleich den *Newsletter Ostern*. In diesem verkündete er, dass das Unternehmen nun auch auf You Tube und Twitter vertreten ist, dass die Firma Adobe neue Software-Versionen auf den Markt bringt, zu welchen unser Unternehmen demnächst Schulungen anbieten werde und er machte auf unsere Osteraktion mit speziellem Namen aufmerksam, bei der man online auf der Unternehmenshomepage einen Ostergutschein im Wert von 25 € suchen konnte, welcher dann für ein Seminar nach Wahl einlösbar ist. Desweiteren kündigte Herr F. an, dass es einen Aufbaukurs zum bereits angebotenen Online Marketing Seminar geben wird. Diese Information sollte allerdings nur den Teilnehmern zukommen, die bereits ein Online Marketing Seminar bei uns besucht haben. Da Herr F. die Newsletter Texte komplett selbst verfasste, bestand meine Aufgabe lediglich darin, zwei getrennte E-Mails jeweils für Empfänger mit Online Marketing Aufbaukurs Infos und für Empfänger ohne jene Infos zu erstellen und diese anschließend über Outlook zu versenden.

Als nächstes war es meine Arbeit online zu recherchieren auf welchen Seiten im Netz man Unternehmen kostenlos eintragen und möglichst effektiv verlinken kann, so dass sie gut über Suchmaschinen wie beispielsweise Google gefunden werden können. Auf diesen Seiten sollte ich dann auch unser Unternehmen mit Profilbeschreibung eintragen und auf unsere Homepage verlinken. Wichtig war es bei dieser Aufgabe vor allem auf den Pagerank der Seiten zu achten, auf welchen ich unser Unternehmen eintrug, denn Seiten mit einem hohen Pagerank werden sehr viel öfter aufgerufen und von allen Suchmaschinen viel eher gefunden und angezeigt als Seiten mit einem niedrigen Pagerank. Folglich verlinkte ich uns auf allen möglichen seriösen und kostenlosen Seiten mit hohem Pagerank, damit das Unternehmen im Internet möglichst schnell gefunden werden kann und unsere Homepage auf vielen gut besuchten Seiten verlinkt ist. Diese Aufgabe fiel mir zum einen nicht schwer, da ich recht gute Internet- Kenntnisse besitze, zum anderen fand ich sie sehr interessant und es machte mir Spaß auf diese Weise online für ein Unternehmen zu werben. Vor allem da Marketing ein Bereich ist, welcher mich besonders fasziniert und interessiert, fand ich bei dieser Tätigkeit Erfüllung, indem ich versuchte alle Einträge so auffällig wie möglich mit unserem Firmenlogo zu gestalten und den potentiellen Kunden ansprechende und aussagekräftige Beschreibungen des Unternehmens zu liefern sowie möglichst viele Kontaktinformationen zu hinterlegen.

Meine Hauptaufgabe im Unternehmen bestand darin, die offenen Seminare auf zahlreichen verschiedenen online Bildungsportalen und -plattformen einzutragen. Plattformabhängig waren hierbei oft enorm viele Daten und Informationen anzugeben: Seminartitel, Kategorie, Seminartermine, Seminarort, Postleitzahl, Seminarbeschreibung, Maximale Teilnehmerzahl, Preise und Ermäßigungen, Verlinkungen und vieles mehr. Die Eingabe all dieser Daten in die unzähligen Portale musste meist für jedes der ca. 100 offenen Seminare einzeln geschehen und gestaltete sich somit sehr langwierig und ermüdend. Besonders zumal sich meistens nur Seminarort und -termine unterschieden und sonst dieselben Daten immer und immer wieder eingegeben oder mit copy & paste eingefügt werden mussten, empfand ich diese Aufgabe als sehr stupide und langweilig. Meine tägliche Routine war es zudem noch unsere abgelaufenen Seminartermine auf seminus.de, seminarmarkt.de und dem Seminarportal von sueddeutsche.de zu aktualisieren. Desweiteren sollte ich möglichst täglich die Seminartermine und Beschreibungen für jene offenen Seminare twittern, bei welchen Herr F. bereits einige Anmeldungen hatte, aber noch mehr Teilnehmer benötigte. Auch die Informationen zu unserer Osteraktion twitterte ich täglich im Zeitraum vor Ostern. Da ich vorher keine Erfahrungen mit der Plattform Twitter hatte, war es für mich interessant diesen wirklich einfach zu bedienenden online Kurznachrichtendienst zu nutzen.

3.3 Videos zu Seminarinhalten und Kurzübungen

Am meisten Spaß bereitete mir das Aufnehmen von Videos zu den Firmenseminaren gemeinsam mit Herr F. Meine Aufgabe bestand hierbei Herr F. zu filmen, während er einige kurze Informationen zum Ablauf und zu den Inhalten der Rhetoriktraining-, Präsentationstechnik- und Moderationstrainingseminare preisgab. An einigen Tagen dachte sich Herr F. außerdem ein paar unterhaltsame Kurzübungen zu bestimmten Seminarthemen aus, die jeder einfach nachmachen kann. Diese filmten wir ab und Herr F. schnitt und bearbeitete die Videos, bis er sie schließlich bei You Tube hoch lud. Alle Videos sind damit nun online auf dem You Tube Kanal *des* Unternehmens abrufbar.

Die Videos zu Seminarablauf und -inhalt sollen den Zuschauern einen Überblick zum Aufbau und zu den Vorgehensweisen bei den Seminaren vermitteln. Alle Videos zu den Kurzübungen sollen Interessenten und potentielle Kunden auf die Firmenseminare aufmerksam machen und sie motivieren an den Seminaren teilzunehmen, indem sie sehen, was geboten wird und worauf sie sich freuen können. Diese Videos fungieren somit als eine Art „Teaser Trailer" für die Seminare unseres Unternehmens.

Beim Abdrehen der Videos konnte auch ich mir ein gutes Bild über Herrn F.'s Vorgehen und die Inhalte bei seinen Seminaren machen. So lernte ich beispielsweise etwas über bessere Artikulation, den sinnvollen Umgang mit Moderationskarten, die richtige Körperhaltung und einen sicheren Stand bei Vorträgen. Zudem muss ich feststellen, dass ich die Art und Weise, wie Herr F. die Themen vermittelt, sehr anschaulich und ansprechend finde, besonders da er einen sehr lockeren und humorvollen Eindruck hinterlässt. Das Filmen und Assistieren bei den Videos lockerte überdies meinen wirklich sehr eintönigen Büroalltag im Unternehmen etwas auf und

erweiterte meine Erfahrungen zum Abdrehen halbwegs professioneller Filmaufnah-
men, da ich genau auf Kameraposition, richtige Beleuchtung, eventuelle Schlag-
schatten und Gegenstände, die sich nicht im Bild befinden durften, achten musste.

Leider blieb mir auch durch die Videos weitere Büroarbeit am Computer nicht erspart.
Denn nun musste ich die Links zu den neuen You Tube Videos auf allen in Kapitel
3.2 erwähnten Seminarportalen und -plattformen für unsere Seminare ergänzen.
Ebenso war es meine Aufgabe zu twittern, dass nun neue Videos auf dem You Tube
Kanal unseres Unternehmens verfügbar sind, um diese Nachricht möglichst überall
publik zu machen. Beim ersten Videodreh mit Herrn F. war außerdem noch seine
Assistentin Frau H. anwesend. Dabei lag es an mir Frau H. und Herrn F. in verschiedenen Posen stehend und sitzend zu fotografieren. Die Fotos verwendete Herr F.
anschließend zur besseren Gestaltung der Firmenhomepage und Frau H. lud eines
der Portraitfotos auf ihren von mir zuvor neu erstellten Xing Account hoch.

4   Kritische Überlegungen

Denke ich nun an das gesamte Spektrum meiner Tätigkeiten im Unternehmen und
überlege, welche Erwartungen ich im Vorfeld an mein Praktikum hatte beziehungsweise welche Lernziele ich mit dem Praktikum verbunden hatte, so kann ich folgen-
des feststellen: Meine Ziele waren es im Praktikum möglichst viele neue Erfahrungen
im Bereich der Erwachsenenbildung zu sammeln sowie den Aufbau, die Organisation
und die Methoden der Organisation, bei welcher ich mein Praktikum ableisten würde,
kennenzulernen. Als ich wusste, dass ich mein Praktikum bei diesem Firmenseminaranbieter antreten würde, hatte ich vor allem den Wunsch mitzuerleben, wie die
Seminare didaktisch aufbereitet sind und welche konkreten Inhalte in jedem Seminar
behandelt werden. Außerdem hätte ich es auch sehr begrüßt, wenn ich mich selbst
ein wenig an der Seminarplanung beziehungsweise Seminarkonzeption beteiligen
und vielleicht einige Verbesserungsvorschläge hätte unterbreiten können.

Meine Erwartungen wurden zumindest insofern erfüllt, dass ich durch das Eintragen
aller Seminare in die vielen verschiedenen online Seminarportale, die genauen Se-

minarbeschreibungen, die gesetzten Lernziele sowie die eingesetzten Methoden aus den von Herrn F. vorgefertigten Infotexten entnehmen konnte. Somit hatte ich immerhin theoretisch einen sehr genauen Eindruck vom gesamten Seminarangebot des Unternehmens und dessen Konzeption. Durch die Videoaufnahmen, in denen Herr F.die Kurzübungen zu den Seminaren vorstellte, gewann ich zudem immerhin noch einen kleinen praktischen Eindruck von der Didaktik und Methodik der Firmenseminare. Gerade von diesen praktischen Erfahrungen hätte ich mir aber mehr erhofft. Gerne wäre ich persönlich bei einem der Seminare dabei gewesen, doch leider bestand hierzu keine Möglichkeit, da während meiner Praktikumszeit alle Seminare in München aufgrund zu geringer Teilnehmerzahl ausgefallen sind und das in Köln stattgefundene Präsentationstechnikseminar einfach zu hohe Reisekosten für mich verursacht hätte. Leider hatte ich auch keine Möglichkeit mich an der Seminarkonzeption zu beteiligen beziehungsweise Verbesserungsvorschläge einzubringen. Diese Tatsache lag aber vor allem darin begründet, dass es meiner Ansicht nach quasi nichts gab, was ich hätte verändern oder verbessern wollen. Mein gesamtes aus dem Studium mitgebrachtes Theoriewissen wurde bei den Seminaren dieses Unternehmens zumindest in der Theorie bereits umgesetzt. Es wird auf kleine Teilnehmerzahlen von maximal acht Personen geachtet, damit jeder mit einbezogen und auf jeden individuell eingegangen werden kann. Die Inhalte werden anschaulich und methodisch abwechslungsreich präsentiert, Dozentenvorträge und Teilnehmergruppenarbeiten wechseln sich ab. Bei Moderation und Präsentation kommt das Videofeedback zum Einsatz, das den Teilnehmern erlaubt sich selbst zu sehen und zu beurteilen. Am Ende jedes Seminars gibt es einen Feedbackbogen, damit die Möglichkeit zur weiteren Optimierung der Seminargestaltung gegeben ist. Nicht zuletzt ist das Seminarangebot des Unternehmens auf die Kundennachfrage abgestimmt, so dass es jederzeit möglich ist, sein individuelles Inhouse-Seminar zu bekommen oder sogar ein Einzelcoaching an einem selbstgewählten Orte zu erhalten. Einzig und allein in der Praxis konnte ich bedauerlicherweise nicht nachprüfen, ob bei den Seminaren alles so abläuft, wie ich es als Pädagoge mit meinem Theoriewissen empfehlen würde. Das durchgängig positive Teilnehmerfeedback lässt mich allerdings zu dem Schluss kommen, dass bei diesem Firmenseminaranbieter in der Tat Weiterbildung mit sehr empfehlenswerten Mitteln und Methoden sowie unter den bestmöglichen Bedingungen stattfindet.

5 Persönliches Fazit

Abschließend kann ich festhalten, dass das Praktikum in diesem Unternehmen für mich eine neue Erfahrung darstellte, da ich zum ersten Mal einen längerfristigen Einblick in eine Institution der Erwachsenenbildung bekam und selbst für diese tätig war. Meine Erwartungen wurden, wie bereits in Kapitel 4 erwähnt, nur teilweise erfüllt. Ich hätte mir doch ein aktiveres Mitwirken im Unternehmen gewünscht und wäre sehr gerne bei einem der Seminare zugegen gewesen. Die meiste Zeit verbrachte ich jedoch mit der – wie bereits beschrieben – sehr eintönigen und langweiligen Büroarbeit, bei welcher ich die Seminare in die online Datenbanken eintrug. Einzig die Erstellung der Firmeneinträge mit Profilbeschreibung des Unternehmens und somit das „Aufmerksam machen" auf das Unternehmen im Sinne von online Marketing sowie das Drehen der Videos mit Herrn F. bereiteten mir wirklich Freude. Zudem war selbstverständlich der Besuch der Weiterbildungsmesse ein interessantes Highlight für mich. Die gesamte restliche Büroarbeit am Computer empfand ich allerdings als derart monoton und ermüdend, dass ich mich folglich bereits über einige Handlangertätigkeiten für Herrn F. wie Kopieren, Gänge zum Briefkasten oder das Betätigen an der Papierschneidemaschine freute, die wenigstens ein klein wenig Abwechslung in den Büroalltag brachten.

Positiv muss ich allerdings vermerken, dass Herr F. ein sehr netter und humorvoller Chef war, der mich fair behandelte und meistens Verständnis für meine Anliegen entgegenbrachte. Auch die Sekretärin Frau H. war eine sehr nette Frau, mit der ich oft ins Gespräch über diverse Themen kam. Außerdem bleibt noch zu erwähnen, dass sich direkt neben dem Büro des Unternehmens, nur durch einen kurzen Gang getrennt, ein Friseur- und Nagelstudio befand. Somit konnte man auch während der langweiligsten Arbeiten stets die Gespräche von nebenan mithören, wo sich Friseur und Kunden über „Gott und die Welt" unterhielten, was ich doch als sehr unterhaltsam empfand.

Letztendlich kann ich aus dem Praktikum bei diesem Firmenseminaranbieter eine große Palette von Ideen für Seminare mitnehmen, da mich das äußerst umfangreiche Seminarangebot wirklich sehr inspiriert hat. Für meine spätere berufliche Zukunft hat mir das Praktikum insofern etwas gebracht, da ich jetzt weiß, wie Firmen ihre Mitarbeiter bei privaten Weiterbildungsinstitutionen umfassend zu den verschiedensten Themen schulen und fortbilden können. Dies könnte mir in meinem angestrebten, späteren Berufsfeld der Personalentwicklung von Nutzen sein. Ebenso das Wissen, dass es auch die meisten Firmenangestellten begrüßen, wenn ihnen in den Seminaren mit einem gewissen Grad an Humor begegnet wird und sie eine lockere ungezwungene Seminaratmosphäre erwartet, solange selbstverständlich die Kompetenz der Dozenten sichergestellt ist und das Erreichen der Lernziele angestrebt wird. Für meinen späteren Job weiß ich durch dieses Praktikum ferner, dass ich zwar kein Problem mit langem Arbeiten am Computer habe, jedoch extrem monotone PC-Arbeiten nicht tagtäglich ausführen möchte und ein gewisses Maß an Abwechslung bei der beruflichen Beschäftigung für mich doch wichtig ist.

6 Abbildungsverzeichnis